EMG3-0186
合唱楽譜<スタンダード>

STANDARD
CHORUS PIECE

合唱で歌いたい！ スタンダードコーラスピース

混声3部合唱

あすという日が

作詞：山本瓔子　作曲：八木澤教司

●●● 曲目解説 ●●●

東日本大震災が起き、避難所となった学舎で、学生たちが被災者たちに向けてこの曲を披露した様子がNHKのニュースで取り上げられ、大きな反響を呼んだ楽曲です。サビの部分に力強いメッセージが込められており、そのまっすぐな詩と合唱が感動を呼び起こします。

【この楽譜は、旧商品『あすという日が〔混声3部合唱〕』（品番：EME-C3081）と内容に変更はありません。】

あすという日が

作詞:山本瓔子　作曲:八木澤教司

8
ん あおぞらに てをのばす ほそいえだ おおきなきのみを
ん ふまれても なおのびる みちのくさ ふまれたあとから
12
mf
B
ささえてる いまいきていること いっしょうけんめい
めぶいてる
16
mp
poco a poco cresc.
いきることなんて なんて ーなんて すばらし
いきること なんてー ーなんてなんて すばらし

20
C
f
い
あ す と いう ひ が あ る か ぎ り し あ わ せ を しん じ
あ す と いう ひ が く る か ぎ り じ ぶ ー ん を しん じ
24
て
あ す と いう ひ が あ る か ぎ り し あ わ せ を
て
あ す と いう ひ が く る か ぎ り じ ぶ ー ん を
て ー あ す と いう ひ が あ る か ぎ り し あ わ せ
て ー あ す と いう ひ が あ る か ぎ り じ ぶ ー ん
28
1.
D
ー し ん じ て
ー し ん じ
を し ん じ て
を し ん じ
mf

あすという日が - 4
32
mp
36
2.
E
mp
あの て しあわせ
40
ff
rit.
をしんじて
Elevato Music
EMG3-0186

MEMO

あすという日が

作詞：山本瓔子

大空を　見上げて　ごらん
あの　枝を　見上げて　ごらん
青空に　手をのばす　細い枝
大きな　木の実を　ささえてる
いま　生きて　いること
いっしょうけんめい　生きること
なんて　なんて　すばらしい
あすと　いう日が　あるかぎり
しあわせを　信じて
あすと　いう日が　あるかぎり
しあわせを　信じて

あの道を　見つめて　ごらん
あの草を　見つめて　ごらん
ふまれても　なおのびる　道の草
ふまれた　あとから　芽ぶいてる
いま　生きて　いること
いっしょうけんめい　生きること
なんて　なんて　すばらしい
あすと　いう日が　くるかぎり
自分を　信じて
あすと　いう日が　くるかぎり
自分を　信じて

エレヴァートミュージックエンタテイメントはウィンズスコアが
展開する「合唱楽譜・器楽系楽譜」を中心とした専門レーベルです。

ご注文について

エレヴァートミュージックエンタテイメントの商品は全国の楽器店、ならびに書店にてお求めになれますが、店頭でのご購入が困難な場合、当社PC＆モバイルサイト・電話からのご注文で、直接ご購入が可能です。

◎当社PCサイトでのご注文方法

http://elevato-music.com

上記のアドレスへアクセスし、WEBショップにてご注文ください。

◎お電話でのご注文方法

TEL.0120-713-771

営業時間内に電話いただければ、電話にてご注文を承ります。

◎モバイルサイトでのご注文方法

右のQRコードを読み取ってアクセスいただくか、
URLを直接ご入力ください。